**Bibliografische Information der Deutschen Nationalbibliothek:**

Die Deutsche Bibliothek verzeichnet diese Publikation in der Deutschen Nationalbibliografie; detaillierte bibliografische Daten sind im Internet über http://dnb.d-nb.de/ abrufbar.



**Impressum:**


Druck und Bindung: Books on Demand GmbH, Norderstedt Germany
ISBN: 978-3-668-10596-6

**Dieses Buch bei GRIN:**

http://www.grin.com/de/e-book/310532/die-geschichte-des-barocks-ein-kurzer-ueberblick

**Lena W.**

# Die Geschichte des Barocks. Ein kurzer Überblick

GRIN Verlag

# DIE BAROCK GESCHICHTE

## INHALTSVERZEICHNIS

# DEFINITION

❖ Epoche der europäischen Kunstgeschichte/Geistesgeschichte

❖ Renaissance-Barock-Klassizismus

❖ Italien ausgehend → katholischen Ländern Europas, auch in abgewandelter Form in protestantischen Gegenden

❖ der Barock ebenso wie das Barock, mit ungefähr gleicher Häufigkeit, der Genitiv lautet des Barocks

❖ Sprachgeschichte
1. Adjektiv barock im Deutschen im 18. Jahrhundert
2. Substantiv Barock im 19. Jahrhundert

# DEFINITION

❖ Wortstamm
-portugiesisch, unregelmäßig geformte Perlen als barroco bezeichnet, d. h. „schief" oder „ungleichmäßig"
-Italienisch (barocco)
-Französisch (baroque) → abwertend im Sinne von „merkwürdig" für Kunstformen gebraucht, die nicht dem vorherrschenden Geschmack entsprachen

❖ Entwickelte sich aus Nachnamen zweier Barockkünstler
-Architekt Giacomo Barozzi
-Maler Federigo Barocci

# DEFINITION

- Seit 1855 mit positiver Bedeutung
- Ende der 1880er Jahre als wissenschaftliche Zeitbestimmung
- Von der bildenden Kunst wurde der Begriff dann auf die Musik und Literatur der Zeit übertragen
- heute als allgemeiner historischer Epochenbegriff
- Gestaltungselement des Barocks und Rokokos ist der Stuck

# ALLGEMEINES

- Kirche und Aristokratie sind wichtigsten Förderer → daher prunkvolle Bauwerke
- Planung bzw. Realisierung gewaltiger Vorhaben (Städtebau)
- Wettbewerb der Künstler, zur Intensivierung von Produktivität und aller Gestaltungsmittel
- verschärften Ausbeutungen der Volksmassen
- bestärkende Selbstverherrlichung (z. B. durch Bauten wie Versailles)
- Ausstattung von Schlössern und Kirchen imponierende Demonstration für die Umwelt

# ZEITRAUM /AUSBREITUNG

- 1575 bis 1770
- Frühbarock (bis ca. 1650)
- Hochbarock (ca. 1650–1720)
- Spätbarock oder Rokoko (ca. 1720–1770)
- Ausbreitung über Italien, Frankreich, Süddeutschland, -niederlande, Spanien, Österreich, Portugal, Lateinamerika

# INTERNATIONAL

| | |
|---|---|
| ❖ *Brasilianischer* Barock | Anfang des 17. Jahrhunderts durch katholische Missionare, vor allem Jesuiten in Brasilien eingeführt, sie brachten den neuen Stil als Werkzeug ihrer christlichen Glaubenslehre |
| ❖ *Lecceser* Barock | 17. und 18. Jahrhundert, bezeichnete Baustil, apulischen Stadt Lecce (Italien) |

- In Lecce vollzog sich eine eigenständige Stilentwicklung, die bis heute das Gesicht der Altstadt prägt
- Kirche Santa Croce im Lecceser Barock

# INTERNATIONAL

| | |
|---|---|
| ❖ *sizilianische* Barock | 17. und 18. Jahrhundert, Putten, die Darstellung lachender Gesichter und auffälligen Schmuck |
| ❖ Bauernbarock | volkstümliche Stilrichtung in der *europäischen* Architektur und Kunst, die zum Beispiel in Osthessen und Bayern (18. Jahrhundert), aber vor allem in Südböhmen angewandt wurde (19. und 20. Jahrhundert) |

# MACHTVERHÄLTNISSE IN EUROPA VOR 1618

- ❖ Frieden im Heiligen Römischen Reich
- ❖ Königreich Spanien abtrünnige Provinz Niederlande zurückzuerobern
- ❖ Spanier benötigen einen Nachschubweg im Westen des Heiligen Römischen Reiches→Bedrohung für Frankreich, da die französische Regierung immer noch mit den spanischen Machthabern um die Vorherrschaft in Europa ringt
- ❖ die traditionelle Vormacht Dänemarks wird von dem aufstrebenden Königreich Schweden bedroht

# DREIßIGJÄHRIGER KRIEG

- 1618-1648 Jhdt.
- 40% von Gesamtbevölkerung gestorben
- Sterben ist allgegenwertig daher der Wahlspruch: „Memento mori“ (bedenke dass du sterben musst)→Leben in vollen Zügen genießen→ diese konnten sich nur Adlige und Reiche leisten

# GRÜNDE/ANLASS

- 23. Mai 1618
- In Böhmen eskalieren Auseinandersetzungen zwischen Protestanten und den katholischen Machthabern
- Böhmen ist zu 90% protestantisch und der Adel will die ungeliebte katholische Herrschaft loswerden
- habsburgische Landesherrschaft macht Religionsfreiheit der Protestanten rückgängig
- *protestantische Adlige stürmen die Burg von Prag (Sitz des Königs von Böhmen)*

# FOLGEN

- die Adligen demütigen den böhmischen König Ferdinand II., indem sie seine Statthalter samt Sekretär aus dem Fenster werfen
- Verlust wäre dramatisch, da seit langem die Kaiser von den sieben Kurfürsten gewählt werden
- Kolleg seit der Reformation aber konfessionell gespalten
- →Brandenburg, Sachsen, Rheinpfalz protestantische Partei
- →drei geistliche Fürsten, die Erzbischöfe von Köln, Trier und Mainz

# AUSWIRKUNGEN

- Gehöfte wurden geplündert
- Vieh gestohlen
- Häuser angesteckt
- Ernte vernichtet
- Hungersnöte, Seuche, Pest
- Verfolgungen
- zerstörte Landschaften

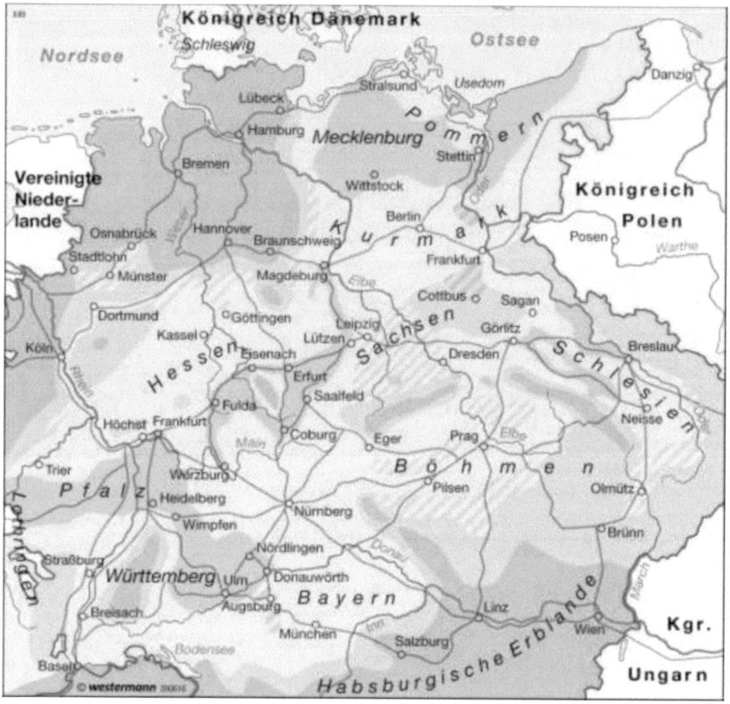


Quelle: http://www.diercke.de/bilder/omeda/501/100273_204_3.jpg

# RESULTATE

- 15. Mai 1648 Niederlande frei von Spanien
- 24 Oktober 1648 "Westfälischer Friede" in Münster (5 Verhandlungsjahren) inkl. europäische Friedensverordnung:

  1. Gleichgewicht zwischen den europäischen Mächten
  2. das Verhältnis zwischen dem Kaiser und den deutschen Fürsten,
  3. Religionsfriede (Religion vom Landesherr bestimmt, Möglichkeit zum Auswandern)
- Macht des DR wurde weniger, Frankreichs größer
- DR in über 300 Einzelstaaten geteilt

# GEBIETSVERÄNDERUNGEN

- Freie Länder: Niederlande und die Schweiz
- Frankreich bekommt Teile des Elsaß und Städte in Lothringen
- Schweden bekommt Teile von Vorpommern (Küstengebiete der Ostsee)
- Gewinner: die Fürsten, Frankreich, Schweden
  Verlierer: der Kaiser (das Haus Habsburger), das Deutsche Reich, das Volk

# KRIEGE

- Türkenkriege 1683-1718
- Spanische Erbfolgekrieg 1701-1714
- Österreichischer Erbfolgekrieg 1740-1748

# SCHLOSS VERSAILLES

- ❖ Hauptresidenz der Könige von Frankreich
- ❖ Hofstaat bildetet kulturelles und politisches Zentrum

# QUELLEN


- ❖ http://de.wikipedia.org/wiki/Barock
- ❖ http://de.wikipedia.org/wiki/Absolutismus
- ❖ http://www.planet-wissen.de/politik_geschichte/deutsche_politik/30_jaehriger_krieg/
- ❖ http://m.schuelerlexikon.de/mobile_kunst/Grundlagen_des_Barock.htm
- ❖ http://www.google.de/imgres?imgurl=http%3A%2F%2Fmedia.heimatundwelt.de%2Fomeda%2F501%2F100273_204_3.jpg&imgrefurl=http%3A%2F
- ❖ http://www.lerntippsammlung.de/Der-30_j-ae-hrige-Krieg.html

## Der Barock

*Politik*

Im Barock herrschte der Absolutismus unter Ludwig dem XIV. und durch den 30-jährigen Krieg gab es viele absolute Fürsten in Deutschland. Die Bürger verloren ihre Macht. Der höfische Barock stellt den Typ des Herrschers dar und präsentiert sich durch den Schlossbau und der Entwicklung des Gartenbaus. Durch Ordnung wollte der Fürst sein Wirken demonstrieren. Aber auch die Kirche hatte Mitspracherecht.

*Frauenbild*

Frauen sollten Männer dienen und viele Kinder bekommen, jedoch auch über Bildung verfügen um die Männer zu unterhalten.

*Musik*

In der Musik waren Opern und Sonette sehr beliebt, die mit Blas- und Streichinstrumenten gespielt wurden, wobei jedoch nur ein Instrument im Vordergrund stand, währenddessen die anderen Spieler einfach improvisierten. Die Musik sollte die Machtstellung der Könige unterstreichen. Einer von ihnen war Wolfgang Amadeus Mozart, er spielte schon mit drei Jahren Klavier.

*Kunstgeschichte*

Der Hauptsitz der Kunst saß in Rom wo Tafelbilder sehr beliebt waren, die mit flachem, festen und auf einen versteiften Hintergrund gemalt wurden. Die markantesten Merkmale waren, dass mit Dramatik im Bild gespielt wurde und meist klare Farben verwendet worden sind. Ein bekannter deutscher Künstler war Johannes Zick, der einen religiösen Malstil verbreitete und auf Kalkputz seine Bilder zum Ausdruck brachte. Ein berühmtes Gemälde ist die „Dame in blau", ein Ölgemälde, die Naturgetreue Darstellung einer Person.

*Mode*

Der Adel trug farbige, besonders goldblonde und rote Kleidung wogegen die Bürger sich mit einfacher Schürze und schlichten Stoffen zufrieden geben mussten. Hergestellt wurde die Kleidung von Schneidern, wie z.B. Madame de Pompadour. Ein auffälliges Accessoire war die Perücke, die Ludwig wegen seines Haarausfalls trug oder auch um unangenehme Gerüche zu verbergen. Ebenfalls stellte sie ein Symbol der Aristokratie dar. Heute bleibt uns aus der Barockmode die Perücke, Schulterpolster oder auch die Farben. Es wurde natürlich auch zwischen männlich und weiblich unterschieden. Frauen trugen viele Unterröcke und ein Hüftpolster, wogegen Männer die Soldatenmode mit weiten Röcken vertraten. Die jungen Mädchen trugen enge Kleider mit kegelförmigem Rock, anders die Jungen, die auch Kleider trugen später dann aber wie Miniaturerwachsene gekleidet waren.

*Wichtige Personen*

Ein bekannter Lyriker war Paul Fleming, Musiker Claudio Monteverdi, Künstler Michelangelo Buonarroti und Wissenschaftler, der herausfand, dass die Planeten sich um die Sonne drehten war Nikolaus Kopernikus. Jedoch bekannteste Person dieser Epoche war der Sonnenkönig Ludwig der XIV. , der in Frankreich regierte und im prunkvollem Schloss Versailles lebte.

*Gesellschaft*

Es wurden viele Feste, Bälle, Theaterstücke veranstaltet. Vermögen bedeutete Macht und so formte sich auch die Ständeordnung. An oberster Stelle stand der Klerus, der in prächtigen Klöstern und Häusern lebte. Darunter folgte der Adel, der zivile, militärische und geistliche Ämter übernehmen durfte. An unterster Stelle war das einfache Volk, welches nur geringe Rechte hatten und die Hauptlast der Steuern trugen. Hintergrund dieser Ordnung war die Aufklärung und die verbesserte Bildung. Ebenfalls gab es Unterschiede zwischen der Stadtbevölkerung, wo Großbürger und Handwerker lebten und die Mehrheit, die auf dem Land lebte litt unter großer Armut.

*Religion*

Der katholische Glaube war die Hauptreligion und hatte ihren Sitz in Rom. Früher war Jesuit ein Spottname, was sich später dann zum Jesuitenorden entwickelte. Daraus entwickelte sich auch das Jesuitendrama, was ein katholisches, lateinsprachiges Barockdrama war und die Antwort auf die Reformation geben sollte. Das Trienter Konzil war der 19te ökumenische Konzil der römisch-katholischen Kirche. Der Hauptanlass stellte das Reagieren auf die Forderung und das Lehren der Reformation dar. Die Bedeutung der Kirche war sehr hoch, denn es war das wichtigste für die Menschen zu dieser Zeit.

*Architektur*

Die Gartenarchitektur kam aus Frankreich und war geometrisch gegliedert. Bei den Bauwerken wurde unterschieden in Sakralbauten, Kirchen, Kapellen und Klöster und Profanbauten, Paläste, Residenzen und Schlösser. Die Merkmale der barocken Architektur waren die zentralen Themen. Triumph, der den Ruhm des Einzelnen und die Vollendung seiner Zeit zur Ewigkeit darstellte. Die Fantasie, welche die geistige Erhebung der Menschen visualisiert und die Symbolik, die gut zu sehen ist und der Mensch so über die Natur triumphieren kann. Matthäus Daniel Pöppelmann war einer dieser bekannten Architekten.

*Literatur*

Die Literatur war nur so von Gegensätzen und vom Diesseits & Jenseits – Sein & Schein geprägt. Die Motive waren „Carpe diem“-„Nutze den Tag“, „Vanitas“-„Misserfolg“ und „Memento Mori“-„Bedenke, dass du stirbst“. Außerdem gibt es verschiedene Gattungen der Epik. Höfisch-galanter Roman, was Liebesgeschichten für fürstliche Familien war, der Schäferroman, welches der Flucht aus der Realität diente und der Schelmenroman wurde von einen gesellschaftlichem Außenseiter verfasst und der den gesellschaftliche Zustand beschreibt.